I bhFreagairt ar Rilke : In Response to Rilke

I ndilchuimhne ar Bhríd Ní Mhaoilmhíchíl
bean a raibh bua na dteangacha aici

Celia de Féine

I bhFreagairt ar Rilke : In Response to Rilke

Foreword/Réamhrá: Máire Ní Annracháin

ARLEN HOUSE

*I bhFreagairt ar Rilke : In Response to Rilke*

Foilsithe in 2020 ag
ARLEN HOUSE
42 Grange Abbey Road
Baldoyle
Dublin 13
Ireland
Fón: 00 353 86 8360236
Ríomhphost: arlenhouse@gmail.com

978–1–85132–241–1, bog

Dáileoirí idirnáisiúnta
SYRACUSE UNIVERSITY PRESS
621 Skytop Road, Suite 110
Syracuse
New York 13244–5290
Fón: 315–443–5534/Facs: 315–443–5545
Ríomhphost: supress@syr.edu

dánta © Celia de Fréine, 2020
réamhrá © Máire Ní Annracháin, 2020

Gach ceart ar cosaint

Clóchur ¦ Arlen House

Saothar ealaíne an chlúdaigh ¦
'Marguerite Seated 1916' by Amedeo Modigliani

Tá Arlen House buíoch de
Chlár na Leabhar Gaeilge
agus d'Fhoras na Gaeilge

Foras na Gaeilge

## CLÁR : CONTENTS

| | |
|---|---|
| 8 | Foreword |
| 9 | Réamhrá |
| | *Máire Ní Annracháin* |
| 14 | What is It? |
| 15 | Céard é Féin? |
| 16 | Bubbles |
| 17 | Súilíní |
| 18 | At Present |
| 19 | San Am i Láthair |
| 20 | Envy |
| 21 | Éad |
| 22 | You Again? |
| 23 | Tusa Arís? |
| 24 | Rose |
| 25 | Rós |
| 26 | Transmigration of Powers |
| 27 | Imaistriú na gCumhachtaí |
| 28 | Orb |
| 29 | Cruinneog |
| 30 | To the Moon |
| 31 | Don Ghealach |
| 32 | Now I Recognise You |
| 33 | Aithním Anois Thú |
| 34 | The Wise and Foolish Virgins |
| 35 | Na Maighdeana Stuama is Místuama |

| | |
|---|---|
| 36 | The Boy Before the Mirror |
| 37 | An Gasúr Os Comhair an Scátháin |
| 38 | Earthy Earth |
| 39 | Cré Chréúil |
| 40 | And What Should I Call You? |
| 41 | Agus Céard Ba Chóir Dom a Thabhairt Ort? |
| 42 | The Fire's Reflection |
| 43 | Frithchaitheamh na Tine |
| 44 | Our Tears |
| 45 | Ár nDeora |
| 46 | The Magician |
| 47 | An Draíodóir |
| 48 | Masks |
| 49 | Maisc |
| 50 | The Toys |
| 51 | Na Bréagáin |
| 52 | Rivergod |
| 53 | Dia na hAbhann |
| 54 | The Lesson |
| 55 | An Ceacht |
| 56 | Lily |
| 57 | Lile |
| 58 | Now I Understand |
| 59 | Anois a Thuigim |
| 60 | That Terrifying Love |
| 61 | An Grá Scanrúil Úd |

| | |
|---|---|
| 62 | Woman |
| 63 | Bean |
| 64 | Seed |
| 65 | Síol |
| 66 | Geranium |
| 67 | Géiréiniam |
| 68 | The Work is Almost Finished |
| 69 | Tá an Saothar Geall le Bheith Curtha i gCrích |
| 70 | Fan |
| 71 | Stay |
| 72 | The Future |
| 73 | An Todhchaí |
| 74 | Tune |
| 75 | Port |
| 76 | The Wind |
| 77 | An Ghaoth |
| 78 | Back in Connemara |
| 79 | Thar n-Ais i gConamara |
| 80 | *About the Author* |
| 81 | *Faoin Údar* |
| 82 | *Admhálacha : Acknowledgements* |

FOREWORD

Máire Ní Annracháin

I salute this important book by Celia de Fréine. She has produced a fresh and creative work through her original approach, using her varied poetic gifts. This is certainly a work to adorn Irish language poetry. It is a joy to encounter such a mature, wise and skilful poet at the height of her powers. I was very taken by this collection, in fact startled by it. True and intense feelings are clearly present alongside the formal structure that Celia has honed. There is a sophistication about her matching feeling with form such that they are reminiscent of the poetry of the Bardic Schools.

This book has put a new spin on the ancient tradition of Irish dialogue-poetry. The poems respond, individually, to poems in French by Rainer Maria Rilke who is better known as a German language poet. The dialogue has many aspects: the 'meta-voice', the use of the plural, the mirror image, verbatim quotation of Rilke's poetry, to name but a few. It is therefore a dialogue between two languages (or three, as the poems in Irish and the snippets in French have been translated into English), between a woman and a man, between two countries, and between two periods in time. It is clear that the well of multiculturalism is deep and full of fresh water when Celia draws from it.

It would be difficult to enumerate all the virtues of this book. Some poems are contemplative, dreamlike, while others have their share of mystery. They confront the darkness and the frightening void, ghosts included. To me the abstract language, common enough in classical Irish but often ineffective in contemporary works, is remarkable in itself. In Celia's hands it is effective and spirited. This is not, however, an oppressive work.

## Réamhrá

Máire Ní Annracháin

Tréaslaím an leabhar tábhachtach seo le Celia de Fréine. Tá saothar úr, cruthaitheach ginte aici trína cur chuige bunúil agus a hiliomad buanna fileata. Saothar é a mhaisíonn filíocht na Gaeilge gan aon agó. Is breá an rud é file chomh cumasach a fheiceáil i mbarr a réime, í lánaibí, gaosmhar, sciliúil, faoi bhláth. Thaitin an cnuasach seo go mór agus go rímhór liom. Go deimhin bhain sé stangadh asam. Tá fíormhothúchán, dianmhothúchán, le brath ann i dteannta an struchtúir fhoirmiúil a bhfuil barr feabhais curtha air ag Celia. Nasc sí le chéile chomh snasta iad go meabhróidís filíocht na scol duit.

Tá cor nua curtha curtha ag an leabhar seo i dtraidisiún ársa an agallaimh fhileata Ghaeilge. Freagraíonn na dánta ina gceann is ina gceann do dhánta Fraincise de chuid Rainer Maria Rilke, arbh fhearr aithne air mar fhile Gearmáinse. Is iomaí sin gné den agallamh atá tugtha chun solais: an 'meta-ghlór', an iolra, íomhá an scatháin, píosaí filíochta de chuid Rilke focal ar fhocal, gan ach cuid díobh a ainmniú. Mar sin is agallamh idir dhá theanga (nó trí, óir tá aistriúchán Béarla ar na dánta Gaeilge agus na blúirí Fraincise), idir fear agus bean, idir dhá thír, agus idir dhá thréimhse ama. Tá tobar an idirchultúrachais domhain agus ag cur thar maoil le fíoruisce, is léir.

Ba dheacair liosta a dhéanamh de bhuanna an leabhair seo. Dánta machnamhacha, mar a bheadh bruadar, atá i gcuid de, le dánta a bhfuil a sciar féin den mhistéir ag roinnt leo. Tugann siad aghaidh ar an scáil agus an neamhní scanrúil, taibhsí san áireamh. Ábhar suntais ann féin í an teanga theibí, a bhí coitianta sa Ghaeilge chlasaiceach ach a bhíonn leamh go minic i saothair chomhaimseartha, dar liom. Is í atá éifeachtach, spreagúil i lámha Celia. Ní saothar trom é seo ar aon bhealach, áfach.

If some of the poems are incisive and weighty, she can master the mocking voice when necessary. For instance, observe the light irony when she imagines Rilke's ghost before her, interrupting her work. There is a tender generosity here also: if some of the poems deal with loneliness, the poet does not eschew dialogue or the comraderie it creates. Celia is well able for ambiguity which she practises with artistry. In the poem 'Envy', for instance, you would not know whether the common plural is at issue or whether it is a case of reverting to the traditional practice in Irish of 'me' identified with 'us'. Readers will also encounter images of great beauty. Every reader will have their own, but consider the following: 'tainted brass and moth-eaten robes', the pairing of 'earth' and 'velvet', the 'whisper on the wind', or 'giant bubbles' on the street entertainer's baton, the 'bridge of desire'.

Poetry in Irish has taken another step forward. A remarkable step.

Má tá dánta géara tromchúiseacha ann, is máistreás í an file ar an nglór magúil nuair is gá. Féach an íoróin éadrom, cuirim i gcás, nuair a shamhlaíonn sí taibhse Rilke os a comhair agus é ag cur isteach ar a cuid oibre. Tá féile chaoin ann freisin: má bhaineann cuid de na dánta leis an uaigneas fós ní thréigeann an file an t-agallamh agus an comhluadar a ghineann sé. Tá Celia os cionn a buille leis an débhrí, a chleachtann sí go healaíonta. Sa dán 'Éad', mar shampla, ní bheadh a fhios ag an léitheoir cé acu fíoriolra é nó filleadh ar nós traidisiúnta na Gaeilge é an 'mise' a shamhlú le 'sinn'. Tiocfaidh na léitheoirí ar na híomhánna is áille amuigh. Beidh a cuid féin ag gach léitheoir, ach smaoiním ar a leithéidí seo: 'prás truaillithe agus róbaí ite ag leamhain', an péire 'cré' agus 'veilbhit' i dteannta a chéile, an 'cogar ar an ngaoth' nó 'ollsúilíní' ar bhata draíodóra, 'droichead na meanmairce'.

Tá filíocht na Gaeilge tar éis céim eile fós a thabhairt agus is céim shuntasach ar aghaidh í.

IN RESPONSE TO RILKE

# I bhFreagairt ar Rilke

## What is It?

What is this shade that follows me
through the back streets
of the Latin Quarter?

If its intent is
to bestow solace
it has not succeeded so far.

At times I see two shades –
both of them mine.
It is the shade

I cannot see –
the one whose breath I feel –
that frightens me.

## Céard é Féin?

Céard é an scáth seo a leanann
trí chúlsráideanna
na Ceathrún Laidine mé?

Má tá mar rún aige
sólás a dháileadh orm
níor éirigh leis go dtí seo.

Scaití, feicim dhá scáth –
péire gur liomsa iad.
Is é an scáth nach bhfuilim

in ann a fheiceáil –
an ceann a mbraithim a anáil –
a scanraíonn mé.

## Bubbles

*Memories of Sundays past.*
*Their emptiness takes its revenge*
*in creating these round fruits*
*of nothing.*

Still, we love to burst
these round fruits of nothing –

slaughter them as we wash our hands
allow their transparency
to fondle our memories.

We seldom stop to consider
the street entertainer who spends
his life coaxing giant bubbles

back and forth along his baton
persuading children to stare
at what they themselves do without bother.

## Súilíní

*Quel ancien souvenir de dimanche.*
*Leur vide prend sa revanche*
*en confectionnant ces fruits ronds*
*du néant.*

Fós féin, is breá linn na torthaí cruinne seo
de neamhní a phléascadh –

ár a dhéanamh, ár lámha á ní againn,
ag ceadú dá dtrédhearcacht
ár gcuimhní a chuimilt.

Is annamh a smaoinímid
ar an oirfideach sráide a chaitheann
a shaol ag mealladh ollsúilíní

siar is aniar ar a bhata
cluain á cur aige ar ghasúir stánadh
ar a ndéanann siadsan gan stró.

## At Present

*These are the days when empty fountains*
*dead from hunger sink under autumn ...*

It is past time to turn the fountain back on
now that the rain has returned
and the dam of prediction is about to burst its banks.

Let us clear out the debris of neglect first
making sure the drains are clear
so that we enjoy the mild twilight.

Remember, not all countries are visited by autumn
not all have that leaf-cloak lovers walk on –
whispering to each other of spring canals.

## San Am i Láthair

*Ce sont les jours où les fontaines vides*
*mortes de faim retombent de l'automne ...*

Tá sé thar am an fuarán a chur ar siúl in athuair
mar go bhfuil an bháisteach tar éis filleadh
is dama na dúile ar tí cur thar maoil.

Cartaimis bruscar na díobhála ar dtús
ag déanamh cinnte go bhfuil na draenacha glan
le go mbainfimid sult as an gclapsholas séimh.

Cuimhnigh nach dtugann an fómhar cuairt ar chuile thír –
nach leo uile an bhratduilleog úd a shiúlann leannáin –
ag cogarnach le chéile faoi chanálacha earraigh.

ENVY

*But one day we realised
that the earth was keeping quiet.*

The mute glorious swan
might make us happy
even though she ignores us –

she has other things on her mind –
food, for example, her brood.

It is her ability to fly
that interests us most –

so graceful
we envy the creature.

Were the same gift meant for us
it would be within our power.

As it is, the swan
carries off our secret envy
burying it beneath her quills.

## ÉAD

*Mais quelque jour on constate
que la terre se tait.*

D'fhéadfadh an eala bhalbh ghlórach
muid a dhéanamh sona
fiú gan aird a thabhairt orainn –

tá nithe eile faoina cúram aici –
bia, mar shampla, a hál.

Is a cumas eitilte is mó
a gcuirimid suim ann –

é chomh grástúil sin go bhfuilimid
in éad leis an gcréatúr.

Dá gceapfaí an bua céanna dúinn
bheimis in ann aige.

Faoi mar atá, sciobann an eala
ár n-éad rúnda léi
á adhlacadh faoina cleití.

You Again?

You again, persistent shade –
do you think I have come
to this county to encounter
only you?

So far we have discussed
bubbles and fountains.
Now, as night falls,
you know I am trapped –

I cannot cross
the bridge of desire
nor yet flee down
the pathway of promise.

Name yourself – have
the courage to emerge
from the darkness and tell me
what it is you really want.

## Tusa Arís?

Tusa arís, a scáth síorleanúnach –
an dóigh leat gur tháinig mé
chun na tíre seo le castáil
leatsa amháin?

Cheana féin tá súilíní
is fuaráin pléite again.
Anois agus an oíche ag titim
is eol duit go bhfuilim i sáinn –

nach bhfuilim in ann droichead
na meanmairce a thrasnú
nó fiú teitheadh síos
cosán an ghealltanais.

Ainmnigh thú féin – bíodh sé
de mhisneach agat teacht amach
as an dorchadas is a insint dom
céard é go díreach atá uait.

## Rose

*If only the rose wished to tell us
what she does not to distract herself.*

Though her garden companions
are but transitory
the rose manages
to stand firm.

She outlives them all –
the nasturtiums eaten by the snails
the snails themselves
even the twigs ferried off
by the birds to a place apart.

Clearly, she looks after herself –
holding onto her root ingenuity.

Not for you she does this –
why think it is for you?

## Rós

*Si la rose voulait nous dire comment
elle fait pour ne pas se distraire.*

Ainneoin nach bhfuil ina comhluadair-
gharraí ach gala soip
éiríonn leis an mbanrós
seasamh go daingean.

Maireann sí ina ndiaidh uile –
na gleoráin a d'ith na seilidí
na seilidí féin
fiú an brosna atá ar iompar
go háit faoi leith ag na héiníní.

Is léir go mbreathnaíonn sí chuici féin –
greim á coinneáil aici ar a préamh stuaime.

Ní duitse a ndéanann sí é seo –
tuige a gceapfá gur duitse é?

## TRANSMIGRATION OF POWERS

*Often a mask empties itself before believers
and suddenly the idol apologises
for his deceitful throne ...*

A mask might empty itself
before believers –

were it to slip by accident
rather than design –

because the god in question
had become too full of himself

or because a child shrieks
that he knows

what's behind
the airs and graces

is only tainted brass
and moth-eaten robes.

But if the child continues
to shriek

he might catch the eye of the god
whose mask is

not yet glued to him
who's dressed in a robe

not yet eaten by moths –
one who will smile

so that from his mouth will tumble
the fresh air of spring.

## Imaistriú na gCumhachtaí

*Souvent devant les dévots se vide un masque
de l'idole s'excuse soudain
de son trône trompeur ...*

D'fhéadfadh masc é féin a fholmhú
os comhair creidteoirí –

dá dtitfeadh sé trí thimpiste
seachas d'aon ghnó –

mar go bhfuil an dia áirithe úd
tar éis éirí rómhórtasach

nó mar go scréachann gasúr
go bhfuil a fhios aige

nach bhfuil taobh thiar
den éirí in airde

ach prás truaillithe
is róbaí ite ag leamhain.

Ach má choinníonn an gasúr air
ag scréachach

seans go dtarraingeoidh sé súil an dé
nach bhfuil a mhasc greamaithe

go daingean de fós
atá gléasta i róba

nár thug na leamhain faoi fós –
dia a dhéanfaidh miongháire

le go dtitfidh aer úr an earraigh
amach as a bhéal.

## ORB

*the red dinghies bob up and down*
*like melon slices*
*offering themselves to the season*
*that hungers.*

The willow bends towards the lake –
its branches long
to reach the depths.

Below the earth its roots stretch
towards the water –
it would make a circle if it could

an orb I would love
to take in my hand
and shake free of water

only its leaves would wither –
a fact that
tomorrow can see.

Today bright boats bob
up and down on the lake –
slices of a previous orb
that died of greed.

## CRUINNEOG

*des canots en rouge repeints*
*comme de tranches de melons*
*s'offrent à la saison*
*qui a faim.*

Cromann an tsaileach i dtreo an locha –
is mian lena géaga
an duibheagán a bhaint amach.

Thíos faoin gcré síneann
a préamha i dtreo an uisce –
chruthódh sí ciorcal dá bhféadfaí é –

cruinneog gur bhreá liom
glacadh im lámh
leis an uisce a chroitheadh as

ach amháin go bhfeochfadh a duilleoga –
fíric gur léir
don lá arna mhárach.

Inniu tá báidíní gleoite
ag bogadaíl suas síos ar an loch –
slisneacha réamhchruinneoige
a cailleadh de bharr sainte.

## To the Moon

*Moon, svelte person,
who gives you
a child every month?*

We know the moon wants
to control every woman –

she respects neither pubescent girls
nor young mothers.

Even at my age I feel her claw
drag me from bed –

on nights when she is full
and every fire brigade on call –

to watch those clouds
scud across her steroid face

persuade me I need a partner –
someone to fuse my burden with

fertilise this seed –
force its issue into the world.

## Don Ghealach

*Lune, svelte personne,*
*qui est celui qui te donne*
*chaque mois un enfant?*

Is eol dúinn go mbíonn an ghealach
ag iarraidh smacht a fháil ar chuile bhean –

gur cuma léi más ainnireacha
nó máithreacha óga iad.

Fiú ag an aois a bhfuilim braithim a crúb
dom tharraingt as an leaba –

sna hoícheanta a mbíonn sí lán
is chuile bhriogáid dóiteáin ar dualgas –

le breathnú ar na scamaill úd
a sciurdann thar a haghaidh stéaróideach

ag áitiú orm go bhfuil leathbhádóir uaim –
duine lem ualach a roinnt leis

a thoirceoidh an síol seo
lena ghin a bhrú amach sa saol.

### Now I Recognise You

Your name – *Rainer Maria Rilke* –
can be heard on the *Rue Touillier*

and on *Rue de l'Abbé de l'Épée* –
streets where you lived –

in the *Musée de Cluny, Musée Rodin* –
places where you've left your trace.

Your shade – captured in evening light –
is reflected in shopwindows

the scent of your presence carried
on the air by fresh blossoms.

Now I realise the game you played –
why it took a while for me to understand –

the challenge would have done me no good
had I figured the answer out straight away.

## AITHNÍM ANOIS THÚ

Tá d'ainm – *Rainer Maria Rilke* –
le cloisteáil sa *Rue Touillier*

is sa *Rue de l'Abbé de l'Épée* –
sráideanna ina mbíodh cónaí ort –

sa *Musée de Cluny, Musée Rodin* –
áiteacha a bhfuil do lorg le sonrú iontu.

Tá do scáth – gafa i solas an tráthnóna –
frithchaite ar fhuinneoga siopaí

cumhra do láithreachta san aer
ar iompar ag bláthanna úra.

Is léir dom anois an cluiche a d'imir tú –
an fáth ar ghlac sé scaitheamh orm a thuigbheáil –

nach ndéanfadh an dúshlán maith ar bith dom
dá dtiocfainn ar an bhfreagra gan dua.

## The Wise and Foolish Virgins

*I see them as an ancient print,*
*slender stems and fine corollas ...*

The foolish virgins sense
the soft embrace of shadows
as they cut through the alleys
but brush it aside –
they are overcome by fear of the dark.

The wise virgins follow
in the half light.

True, the foolish virgins
have forgotten to bring oil for their lamps
but their sisters had not advised them to
nor will they lend them any drop
when summoned into the feast.

Thus the foolish virgins learn
the wisdom of sharing
the wise learn
the seduction of greed.

## Na Maighdeana Stuama is Místuama

*Je les vois comme une ancienne estampe,*
*tiges sveltes et belles corolles ...*

Braitheann na maighdeana místuama
barróg bhog na scáthanna,
iad ar a mbealach trí na caolsráideanna
ach brúnn siad i leataobh í –
tá faitíos orthu roimh an dorchadas.

Leanann na maighdeana stuama
sa leathsholas iad.

Cinnte, tá dearmad déanta ag na maighdeana místuama
ola a bhreith leo dá lampaí
ach níor chuir a siúracha comhairle orthu faoi seo
ná ní thabharfaidh siad braon ar iasacht dóibh
nuair a ghlaoitear orthu isteach chun na feise.

Mar seo a fhoghlaimíonn na maighdeana místuama
críonnacht na comhroinnte
is a fhoghlaimíonn na maighdeana stuama
mealltacht na sainte.

## THE BOY BEFORE THE MIRROR

*and no one knows*
*what his image offers him.*

When you looked in the mirror then
you saw a young girl dressed in lace

with ringlets in her hair and, on
her face, a bewildered expression.

Later you heard *them* argue
and understood that

their son had been disguised thus
not so the fairies would not take him

and leave a changeling in his place
but because the angels

had already taken the child
*she* loved more.

When you looked in the mirror then
you were too young to understand.

When you look in the mirror now
you see that small face and behind it

lurking in every mirror in a hall of mirrors
the cause of your woe.

## An Gasúr os Comhair an Scátháin

*et personne ne remasse*
*ce que son image lui donne.*

Nuair a bhreathnaigh tú sa scáthán ansin
chonaic tú girseach óg faoi lása

coirníní ina cuid gruaige
cuma trína chéile ar a haghaidh.

Níos deireanaí chuala tú ag argóint *iad*
agus tuigeadh duit

nár fágadh a mac sa riocht sin
le nach bhfuadódh na sióga é

is síofra a fhágáil ina áit
ach mar go raibh an leanbh

a raibh *sise* níos ceanúla uirthi
sciobtha ag na haingil cheana féin.

Nuair a bhreathnaigh tú sa scáthán ansin
bhí tú ró-óg é sin a thuigbheáil.

Nuair a bhreathnaíonn tú anois ann
feiceann tú an aghaidh bheag sin agus taobh thiar di

ag cúlfhaire i ngach scáthán sa halla scáthán
fáth do bhuartha.

## EARTHY EARTH

*Earthly earth, earth full of the dead,
teach me some of your audacity.*

The earth prepares herself not only
for the rose but also the dandelion –

the yellow spread along the bank
that the commons welcomes
after the velvet of winter.

I can feel the velvet collar
on my neck as I leave the house,
the leather boot between foot and path –

a skin once worn by a creature
left out to graze all winter.

## CRÉ CHRÉÚIL

*Ô terre terrienne, terre pleine de morts,*
*appends-moi un peu de ton audace.*

Ullmhaíonn an chré í féin ní hamháin
don rós ach don gcaisearbhán chomh maith –

an buí úd a sceitheann thar an mbruach
a bhfáiltíonn an choimíneacht roimhe
i ndiaidh veilbhit an gheimridh.

Is féidir liom veilbhit bhóna a bhrath
ar mo mhuineál ar fhágáil an tí dom,
leathar buataisí idir cos is cosán –

craiceann a chaitheadh créatúr eile tráth
a thréigtí ar an bhféar ar feadh an gheimhridh.

## And What Should I Call You?

And what should I call you –
poet, ghost, spirit, angel?

You use the twilight mist as cloak
to follow without asking permission.

Nor do you realise the crystals
that dangle from my lobes have been

forged from tears or the scarf
that keeps me warm woven from fear.

Let me consider your request – you were always
given to calling on others to satisfy your needs.

For years I had been benefactor
but have closed the door on that life

intending to bestow on myself alone
whatever largesse became available.

Now you remind me
I am not given to selfishness.

## Agus Céard ba Chóir Dom a Thabhairt Ort?

Agus céard ba chóir dom a thabhairt ort –
file, taibhse, spiorad, aingeal?

Tá ceobhrán an chlapsholais ina bhrat agat
agus mé a leanúint, cé nár lorg tú cead uaim.

Ná níor thug tú faoi deara gur gaibhníodh
de dheora na criostail atá ar crochadh

ar mo chluasa ná go bhfuil an scaif
a choinníonn te mé fite den bhfaitíos.

Lig dom machnamh a dhéanamh ar d'achainí –
bhíodh sé de nós agat riamh glaoch ar dhaoine eile

led riachtanais a shásamh. Leis na blianta
ba dháileoir mé ach tá an doras druidte agam

ar an saol sin – é mar rún agam cibé rath
a bheadh le bronnadh a dháileadh orm féin amháin.

Cuireann tú i gcuimhne dom anois
gur leasc liom an leithleachas.

## The Fire's Reflection

*Perhaps it's only the fire's reflection*
*on a shiny piece of furniture*
*that the child remembers much later*
*like a revelation.*

I was so looking forward
to seeing the fire lit in the parlour
meeting my mother's friend for the first time.

I had heard so much about her –
how they had journeyed to work together
during the war

how the war had created work for them
how rations had informed
the rest of their lives.

And the soldiers – I wanted to hear
about the men in the photographs –
Americans guarding the coast.

The parlour filled up with heat
the flames licked the coal scuttle
lighting my small anxious face

devouring my expectation
until my eyes closed
and I reached that other world

where I could conjure
as many stories as I liked
to match those composed by the women.

## FRITHCHAITHEAMH NA TINE

*Peut-être n'était-ce qu'un reflet du feu
sur quelque meuble luisant
que beaucoup plus tard l'enfant
se rappelle comme un aveu*

Bhí mé ag tnúth chomh mór sin leis
an tine a fheiceáil ar lasadh sa pharlús
castáil le cara mo mháthar den chéad uair.

Bhí an oiread sin cloiste agam fúithi –
faoi mar a thaistil siad in éindí
chuig an obair le linn an chogaidh

faoi mar a chruthaigh an cogadh
obair dóibh is a ghlac na ciondálacha
seilbh ar a saol uaidh sin amach.

Agus na saighdiúirí – theastaigh uaim a chloisteáil
faoi na fir sna grianghraif –
Meiriceánaigh a bhí ag cosaint an chósta.

Líon an parlús le teas
is ligh na lasracha an sciathóg guail
ag lasadh m'aghaidh bheag mhíshuaimhneach

ag alpadh mo thnúthánachta
gur dúnadh mo shúile
is gur bhain mé an domhan úd amach

ina bhféadfainn a shamhlú
an oiread scéalta gur mhian liom –
iad inchurtha leo siúd a bhí á gcumadh ag na mná.

## Our Tears

*The Angels love our tears ...*

Given to tears –
in love with them, perhaps –
the angels wait
by the *Jardin des Plantes*.

We are theirs because
our cheeks are never dry –

the trees and plants dazzle us
with their beauty.

The scent of danger makes us weep
for their future.

## ÁR NDEORA

*Les Anges aiment nos pleurs ...*

Tugtha le deora –
i ngrá leo, seans
fanann na haingil
taobh leis an *Jardin des Plantes.*

Is leo muid mar nach bhfuil
ár ngruanna tirim riamh –

dalltar ag áillteacht
na gcrann is na bplandaí muid.

Cuireann cumhra na contúirte ag caoineadh muid
faoina bhfuil i ndán dóibh.

## The Magician

*the eyes shallow and empty ...*

When the magician waves his wand
we know what we see isn't real

but are unable to grasp
how he creates each illusion.

The real magic lies in the other acts –
the girl who swings from one trapeze to another

the horses that jump through hoops
his assistant who tells fortunes.

In the incense-filled shack
we watch her shuffle cards

feel her fingers on our palm
listen to wild predictions.

When I return home I will recall
her words, search for truth in them

realise she was not out of her mind
when she saw me seated at this desk –

that in forecasting what was to come
she created magic in the mundane.

## An Draíodóir

*les yeux tout creux et vides ...*

Nuair a chroitheann an draíodóir a bhata
tuigtear dúinn nach fíor a bhfuil le feiceáil

ach nílimid in ann a dhéanamh amach
cén chaoi a gcruthaíonn sé chuile sheachmall.

Tá an fhíordhraíocht le sonrú sna taispeántais eile –
an cailín a luascann ó thraipéis amháin go ceann eile

na capaill a léimeann trí fhonsaí
a chúntóir a deir céard atá i ndán dúinn.

Sa bhothán lán le túis breathnaímid uirthi
cártaí á suaitheadh aici

braithimid a méara ar ár bpailm
éistimid le tuartha fiáine.

Nuair a fhillim abhaile smaoineoidh mé siar
ar a cuid focal, ag lorg na fírinne iontu.

Tuigfear dom nach raibh sí as a meabhair
am a bhfaca sí im shuí ag an deasc seo mé –

gur trí fháistiniú a raibh le teacht
a chruthaigh sí draíocht sa ghnáthamh.

## Masks

*Masks tender themselves to us ...*

As we pull on those masks
we think of the trace we'll leave –

how the world will think
we are happy

that no hurt assails
our bright eyes

but under the same masks
our pores cry out for lack of air

our skin withers for lack of water
our ability to laugh is frozen

a war brews between life's shore
and the shore of Bohemia.

## MAISC

*Des masques se tendent à nous …*

Na maisc úd á dtarraingt orainn
cuimhnímid ar an lorg a chruthoímid

ar an gcaoi a gceapfaidh an saol
go bhfuilimid sona

nach ndéantar díobháil ar bith
dár súile geala

ach thíos faoi na maisc chéanna
scréachann ár bpiocháin de cheal aeir

seargann ár gcraiceann de cheal uisce
reoitear ár gcumas gáire

borrann cogadh idir trá an tsaoil
is trá na Boihéime.

## The Toys

*They have drunk and re-drunk*
*our most green love ...*

The longed-for toys come to life
in the dead of night –
the doll drinks and weeps
the train hurtles across the room.

It is the books that interest us most
though we cannot make out the words
that tell us this is a nightmare –
the nightmare of nostalgia.

## Na Bréagáin

*Ils ont bu et toujours rebu*
*notre vert amour ...*

Tagann anam sna bréagáin
in uair mharbh na hoíche –
ólann is caoineann an bhábóg
réabann an traen léi trasna an tseomra.

Is iad na leabhair a gcuirimid an tsuim is mó iontu
cé nach bhfuilimid in ann a dhéanamh amach
na focail a deir linn gur tromluí é seo –
tromluí an chumha.

## RIVERGOD

*Algeriens Noyes 17 10 1961 : 17 10 2011*

*our memories will not be drowned*
*50 years of silence, 50 years of shame*

Many thanks for guiding me
to the *Pont Saint-Michel*

where the river's guilty god
leaps up, mouth agape –

not to receive food but to relate
how on the night in question

he was concerned with other business
when *they* were thrown to the depths.

His soul and his shape are as one
and his shape is one with the current

that holds the water clear
of the *bateaux mouches*

drawing the eye down
to where no moon-glimmer darts –

to where fifty years of shame
have lain buried in the sludge.

## Dia na hAbhann

*Algeriens Noyes 17 10 1961 : 17 10 2011*

*nos mémories ne seront pas noyées*
*50 ans de silence, 50 ans de honte*

Míle buíochas as mé a threorú
chuig an *Pont Saint-Michel*

áit a léimeann dia na habhann aníos
a bhéal ar leathadh aige –

ní le bia a ghlacadh uaim
ach le cur in iúl go raibh sé gafa

le gnó eile an oíche úd
ar caitheadh go tóin poill iad.

Is ionann a anam is a chruth
agus is ionann a chruth is an sruth

a choinníonn siar an t-uisce
ó na *bateaux mouches*

ag tarraingt na súile anuas chuig an áit
nach scinneann aon loinnir ghealaí thart –

áit a mbíodh caoga bliain náire
curtha sa sloda.

## The Lesson

*But I myself must learn
the ways to obey ...*

Throughout our lives we must learn
what it is to learn.

It is not enough to learn
what love is.

Love begets children
and children beget another kind of love.

Self-love begets enemies
and enemies beget fear.

Only when we accept
that we do not understand

how the moon waxes and wanes
can we access the store of wisdom.

## An Ceacht

*Mais il faut que moi-même j'apprenne*
*les moyens d'obéir ...*

Le linn ár saoil is gá foghlaim
céard is foghlaim ann.

Ní leor a fhoghlaim
céard is grá ann.

Saolaíonn grá gasúir
is saolaíonn gasúir grá de chineál eile.

Cruthaíonn féinghrá naimhde
is cruthaíonn naimhde faitíos.

Nuair a ghlacaimid leis nach dtuigimid
cén chaoi a líonann is a laghdaíonn an ghealach

ansin amháin is féidir fáil isteach
chuig taisceadán na críonnachta.

## Lily

*Around it the garden
casts a distraught brilliance ...*

Being white does not mean
the lily craves colour.

Nor does its lack create the radiance
that makes her gleam in sunlight.

Perhaps she dreams, knowing
her life will be short –

she will not have the chance
to partake in celebration

until the breath of eulogy
is drawn towards her stamen.

I can see her petals shiver
beneath the mourners' lies

her pollen rub off
on those who purchase her

leaving residue on their hands
as henna is smeared on the bride

the night before her wedding
to let the world know
she is no longer available.

## LILE

*Autour de lui, le jardin*
*jette un éclat éperdu …*

Ní shantaíonn an lile a dhath de dhath
de bhrí go bhfuil sí bán.

Ná ní chruthaíonn a easpa an loinnir úd
a chuireann ag soilsiú faoin ngrian í.

Seans go mbíonn sí ag brionglóideach
mar go dtuigeann sí go bhfuil saol gearr i ndán di –

nach mbeidh deis aici
páirt a ghlacadh sa cheiliúradh

go meallfaí chuig a staimín
anáil an adhmholta.

Is féidir liom a piotail a fheiceáil
ag crith faoi bhréaga na gcaointeoirí

a pailín ag greamú díobh siúd
a cheannaíonn í

ag fágáil lorg ar a lámha
mar a smeartar hine ar an mbrídeach

oíche roimh a pósadh
le cur in iúl don saol
nach bhfuil sí ar fáil níos mó.

## Now I Understand

I now know that you can see
through me and past me
that you know what lies in store
but cannot be bothered
to tell me what that is.

I want you to understand
you do me no hardship –
that when I pull the door
after me in this college
I feel safe

and on looking out the window
see your followers
below in the courtyard
flick through the blank pages
of books I have yet to write.

## Anois a Thuigim

Tuigtear dom anois go bhfuil tú in ann
breathnú trím is tharam
go bhfuil a fhios agat céard atá i ndán dom
ach nach bhfuil suim agat
an méid sin a roinnt liom.

Is mian liom a mhíniú duit
nach bhfuil dochar á dhéanamh agat dom –
nuair a tharraingím an doras
im dhiaidh sa choláiste seo
go mbraithim slán

is ar bhreathnú amach an fhuinneog dom
go bhfeicim do lucht leanúna
thíos uaim sa chlós
ag scagadh bhileoga bána
na leabhar atá fós le scríobh agam.

## That Terrifying Love

*Why lie to you so much, dear child, in your first soft nest?*

Child, don't heed a word of it –
hardness is all around you
from the moment you draw breath
beneath those bright lights.

It would be easy to surrender
to the boundaries that enfold you
but is not the very core of life
about pushing back boundaries?

Hold onto the terrifying love
you encounter as you grow older
and perhaps one day you will be
drawn down the *Rue Mouffetard*

to where an organ grinder
gathers a small group round him
and for one brief moment
you will love for no clear reason

the men and women
who join you in songs of celebration.

## An Grá Scanrúil Úd

*Pourquoi tant te mentir, ô enfant, dans ton doux nid initial?*

A ghasúir, ná bac lena leithéid –
tá an dúire thart ort
ón nóiméad a tharraingíonn tú anáil
faoi na soilse geala úd.

B'éasca géilleadh do na fóireacha
a bheireann barróg ort
ach nach faoi bhrú siar na bhfóireacha
croílár an tsaoil seo?

Coinnigh greim ar an ngrá scanrúil
a chastar ort agus tú ag dul in aois
agus seans go dtarraingeofar síos
an *Rue Mouffetard* thú lá

áit a mbeidh an t-orgánaí sráide
ag cruinniú grúpa beag thart air
agus go ceann achair ghairid
beidh grá gan choinníoll agat

ar na fir is mná a chanann
amhráin cheiliúrtha in éindí leat.

WOMAN

*thanks to her pensive heart ...*

What moves between her and her mirror
that swells at each flick of hair –

at each pursing of lips that never speak –
is indeed a void.

As we grow older we like to spend
less time engaging with that void –

when we were young we did not have the time
nor did we need to.

But those days are gone –
those days are what make up the void.

Wisdom comes with age and with it
the affection of grandchildren.

## BEAN

*grâce à son cœur pensif …*

Go deimhin, folús atá sa mhéid
a bhogann idir ise is a scáthán –

a bhorrann chuile uair a smeachann sí a folt –
a chrapann liopaí nach ndeireann tada riamh.

Anois agus muid ag dul in aois is fearr linn
níos lú ama a chaitheamh i ngleic leis an bhfolús –

agus muid óg ní bhíodh an t-am againn
nár níor ghá dúinn ach oiread.

Tá na laethanta sin imithe –
is iad na laethanta sin a líonann an folús.

Tagann ciall le haois
agus ina teannta cion garpháistí.

## SEED

*Hello! Winged Seed ...*

I had thought my years
of procreation were past –

nor had I wanted to allow in
anything that came from you –

uninvited guest who arrives
when no meal has been prepared

nor no cloth laid on the table.
I no longer have the strength to push you away –

in spite of myself, your words
seep through my pores –

each one a tiny dart that enters
without leaving a mark.

## Síol

*Salut! Grain ailé ...*

Bhí mé den tuairim go raibh
mo bhlianta tuismidh curtha díom.

Ná níor theastaigh uaim aon cheo
a tháinig uait a ligean isteach –

a aoi a thagann ar cuairt gan chuireadh
am nach bhfuil béile réitithe

nó éadach leagtha ar an mbord.
Níl sé de neart agam tú a bhrú uaim níos mó –

im ainneoin, sileann do bhriathra
trí mo phiocáin –

chuile cheann acu ina fhogha beag
a thugann fúm gan lorg a fhágáil.

## Geranium

*How I am convinced*
*by your red rage ...*

The geranium's scarlet joy covers
the sill in a shower of petals

as though a star had shot through each one
to create a garland of riches

and in doing so had wounded you –
who do not want blood spilled

but spilled it must be –
from love that will not bear fruit.

All around us the night weeps
while moths beat against the pane

and the songs of the dead
rise from the cobblestones.

Life goes on –
with or without your rage.

## GÉIRÉINIAM

*Comme je suis convaincu
de ta rouge rage ...*

Clúdaíonn sonas scarlóideach an ghéiréiniam
an leac le cith piotal

mar a bheadh réalta tar éis caitheamh trí chuile cheann acu –
ag cruthú maoinfhleisce

dod ghortú trína dhéanamh – tusa
nach dteastaíonn uait go ndoirtfí fuil

ach is gá í a dhoirteadh –
ón ngrá siúd nach mbeidh toradh leis.

Thart orainn tá an oíche ag caoineadh
fad is a bhuaileann na leamhain i gcoinne an phána

is a éiríonn amhráin na marbh
aníos ó na clocha duirlinge.

Bogann an saol ar aghaidh
in ainneoin nó i ngeall ar do chuid feirge.

## The Work is Almost Finished

At first I heard a whisper on the wind
felt your breath on my back –

a gentle push towards words –
your words calling

along the back streets
summoning me each day.

Then I'd spot you here and there
always before me

always waiting
for me to turn the corner.

You didn't seek anyone
more important on the street.

I had your undivided attention
and you mine.

You spoke until I understood –
now it is time for me to speak.

## TÁ AN SAOTHAR GEALL LE BHEITH CURTHA I GCRÍCH

Ar dtús chuala mé cogar ar an ngaoth
bhraith mé d'anáil ar mo dhroim –

brú éadrom i dtreo focal
d'fhocail ag glaoch

feadh na gcúlsráideanna
dom ghairm chuile lá.

Ansin thugainn faoi deara anseo is ansiúd thú
romham i gcónaí

i gcónaí ag fanacht
go gcasfainn an coirnéal.

Níor lorg tú aon duine
níos tábhachtaí ar an tsráid –

thug tú d'aird iomlán orm
agus rinne mise mar an gcéanna.

Labhair tú gur thuig mé –
tá sé in am domsa labhairt anois.

## Stay

*Dear friends, let's party another while
to celebrate being those who sometimes
stopped each other so doing ...*

Sometimes we understand
when it is time to go –

the wine has been drunk
and cocktails would sicken us

the cigarettes are finished
and cigars would hoarsen us

the bread would taste stale
and cheese create a nightmare

the conversation sink
to the depths of banality

but if you feel you must stay,
midnight companion,

let us sit quietly here
and wait for the dawn.

FAN

*Ô mes amis, jouissons mieux*
*de ce beau bonheur d'être ceux*
*qui parfois s'entrearrêtent ...*

Scaití, tuigtear dúinn
go bhfuil sé in am dúinn imeacht –

go bhfuil an fíon ólta
is go gcuirfeadh biotáillí samhnas orainn

go bhfuil na toitíní ídithe
is go ndéanfadh todóga ciachánach muid

go mbeadh blas lofa ar an arán,
is go gcruthódh cáis tromluí

go n-ísleofaí an comhrá
go duibheagán na comóntachta

ach má bhraitheann tú gur gá fanacht,
a chompánaigh mheánoíche,

suímis anseo go ciúin
go breacadh an lae.

## The Future

*Future, who won't wait for you?*
*Everyone is headed there.*

Why frighten us when you know
we'll arrive on your shore –
some washed quietly up
others flung there on foot of a tempest?

Future – we know
you are in store for us:
we've seen puppets onstage –
their limbs manipulated by a master such as you.

But when the safety curtain is dropped
at the end of the show
we imagine those same puppets
pull against the strings of time.

It is this thought – simple though it is –
that gives us hope.

## An Todhchaí

*Qui t'aura jamais attendu, avenir?*
*Tout le monde s'en va.*

Tuige a gcuireann tú faitíos orainn
nuair is eol dúinn go mbainfimid do thrá amach –
cuid againn curtha i dtír go suaimhneach
cuid eile caite uirthi de bharr stoirme?

A thodhchaí – tuigtear dúinn
go bhfuil tú i ndán do chách:
tá na puipéid feicthe ar an stáitse againn –
a ngéaga á n-ionramháil ag do leithéid de mháistir

ach nuair a thagann an brat slándála anuas
ag deireadh an tseó
samhlaímid na puipéid chéanna
ag tarraingt i gcoinne shreanganna an ama.

Is é an smaoineamh seo – ainneoin cé chomh simplí is atá –
a thugann dóchas dúinn.

## Tune

*Take me by the hand,
for you it's so easy ...*

Angel, you are the road
even as you stand still –

you summon me and I don't know
whether to run or stay as I am.

You must be lonely
standing there on your own –

perhaps I should light a candle
fill the room with carnations

invite you in
over the threshold.

At times I feel lonely too –
abandoned here

not because I didn't use to advantage
what was bestowed on me

but because I did
my very best on its behalf.

There was a time we could have scattered
our tune to the four corners

but life's libretto hoisted its sail
and I was drowned by its chord.

PORT

*Prends-moi par la main,
c'est pour toi si facile ...*

A aingeal, is tú an ród
fiú agus tú id lánstad –

glaonn tú orm is níl a fhios agam
ar chóir rith nó fanacht socair.

Caithfidh go bhfuil tú uaigneach
id sheasamh ansin id aonar –

seans gur chóir coinneal a lasadh
an seomra a líonadh le coróineacha

cuireadh a thabhairt duit
thar an tairseach isteach.

Scaití, braithim féin uaigneach –
gur tréigeadh anseo mé

ní mar nár chuir mé chun tairbhe
ar bronnadh orm

ach mar go ndearna mé
mo sheacht ndícheall ar a shon.

Tráth, d'fhéadfaimis ár bport
a scaipeadh chuig na ceithre hairde

ach chroch leabhróg an tsaoil a seol
is bádh ag a corda mé.

## The Wind

*But the night murmurs: the wind –
and I weep in my bed: I know it.*

It is easy to blame
the wind even as
as you stand up to it.

The petals of the daisies whisper its secret
and the rain sprays my coat
in refrain.

You call to me across the void
but I cannot hear you –
the wind lifts your words

curving them to a question mark
that asks:
why are you standing there?

## An Ghaoth

*Mais la nuit murmure: le vent –*
*et je pleure dans mon lit: je le sais.*

Is éasca an locht a leagan
ar an ngaoth
fiú agus an fód á sheasamh agat.

Sioscann piotail na nóiníní a rún
is spraeálann an bháisteach mo chóta
lena athrá.

Glaonn tú orm thar an bhfolúntas
ach níl mé in ann tú a chloisteáil –
scuabann an ghaoth do bhriathra

á lúbadh ina comhartha ceiste
a fhiafraíonn:
tuige a bhfuil tú id sheasamh ansin?

## Back in Connemara

Now that I am back home
I push aside other projects
create a womb of time that swells

so this work can be done. I want it
to be done. Still, you haunt me,
still you whisper, send more

poems to me. When will it end?
I have to live – make room
for tasks inside the house and outside

in the garden. Everywhere I look
the hydrangeas grow strong
but this soil has a mind of its own –

its minerals an acidic compost –
with its own strength and its own lack
that turn the blossoms blue.

## Thar N-Ais i gConamara

Anois agus mé thar n-ais sa bhaile
brúim uaim tionscadail eile
ag cruthú broinn ama a bhorrann

le go mbeidh mé réidh leis an saothar seo.
Teastaíonn uaim a bheith réidh leis. Fós bíonn tú
dom ghnáthú, ag cogarnach liom, ag seoladh tuilleadh

dánta chugam. Cén uair a thiocfaidh deireadh leis?
Caithfidh mé maireachtáil – spás a chruthú
do chúraimí laistigh den teach is lasmuigh

sa gharraí. Chuíle áit a mbreathnaím
treisíonn na hiodrainseanna
ach tá a hintinn féin ag an gcré seo –

a mianraí ina múirín aigéadach –
lena neart féin is a caill féin
a thiontaíonn na bláthanna gorm.

## About the Author

Celia de Fréine writes in many genres in both Irish and English. She was born in Newtownards and now divides her time between Dublin and Connemara. Awards for her poetry include the Patrick Kavanagh Award (1994) and Gradam Litríochta Chló Iar-Chonnacht (2004). She has previously published eight collections of poetry of which *cuir amach seo dom : riddle me this* (Arlen House, 2014), *Blood Debts* (Scotus Press, 2014) and *A lesson in Can't* (Scotus Press, 2014) are her most recent. Her plays and film and televison scripts have won many awards in Ireland and America. She is one of the co-founders of Umbrella Theatre Company who regularly perform her work. *Ceannródaí*, her biography of Louise Gavan Duffy (*Leabhair*COMHAR, 2018) won ACIS Duais Leabhar Taighde na Bliana (2019) and was shortlisted for the Irish Book Awards (2018) and Gradam Uí Shuilleabháin (2019). *Cur i gCéill*, her first thriller, was published by *Leabhair*COMHAR in 2019.

www.celiadefreine.com

## Faoin Údar

Scríobhann Celia de Fréine in iliomad seánraí i nGaeilge agus i mBéarla. Rugadh i mBaile Nua na hArda í agus caitheann sí seal den bhliain i mBaile Átha Cliath agus seal i gConamara. I measc na ngradam atá buaite aici dá cuid filíochta tá Duais Patrick Kavanagh (1994) agus Gradam Litríochta Chló Iar-Chonnacht (2004). Ocht gcnuasach filíochta a bhí foilsithe aici go dtí seo. Ba iad *cuir amach seo dom : riddle me this* (Arlen House, 2014), *Blood Debts* (Scotus Press, 2014) agus *A lesson in Can't* (Scotus Press, 2014) na cinn ba dheireanaí acu siúd. Tá go leor duaiseanna buaite ag a cuid drámaí, scripteanna scannáin agus teilifíse in Éirinn agus i Meiriceá. Is duine de chomhbhunaitheoirí Umbrella Theatre Company í, compántas a léiríonn a saothar go rialta. Bhuaigh *Ceannródaí* (*Leabhair*COMHAR, 2018), a beathaisnéis de Luíse Ghabhánach Ní Dhufaigh, ACIS Duais Leabhar Taighde na Bliana (2019) agus ainmníodh ar an ngearrliosta í don Irish Book Awards (2018) agus do Ghradam Uí Shuilleabháin (2019). D'fhoilsigh *Leabhair*COMHAR *Cur i gCéill*, an chéad scéinséir óna peann, in 2019.

www.celiadefreine.com

## Admhálacha : Acknowledgements

As *Migration des Forces* le Rainer Maria Rilke atá na heipeagraif tógtha, seachas an cean in 'Dia na hAbhann' ar ghraifítí é breactha ar an Pont Saint-Michel caoga bliain cothrom an lae inar tharla an t-ár faoi chaibidil.

Buíochas leis an Centre Culturel Irlandais agus le Sheila Pratsche, an stiúrthóir ag an am, as an gcónaitheacht inar chuir mé tús leis an saothar seo. Buíochas leis an gComhairle Ealaíon a bhronn sparánacht orm le cuidiú liom é a chur i gcrích.

Buíochas freisin le Catherine Dunne, Lia Mills agus Maggie O'Dwyer as a dtacaíocht agus a gcomhairle, an leabhar seo á scríobh agam.

Buíochas le heagarthóirí na bhfoilseachán seo a leanas a d'fhoilsigh an chéad leagan de na dánta seo. Thanks to the editors of the following publications who published the first version of these poems:

'Lily : Lile' (*Irish Pages : Duillí Éireann*)
'Masks : Maisc' (*The Stony Thursday Book*)
'To the Moon : Don Ghealach'; 'Transmigration of Powers : Imaistriú na gCumhachtaí' (Penguin India)
'The Wind : An Ghaoth'; 'The Future : An Todhchaí'; 'Tune : Port';
'The Fire's Reflection : Frithchaitheamh na Tine' (*Female Lines*)
'Na Maighdeana Stuama is Místuama' (*Reading the Future*)

All epigraphs have been taken from Rilke's *Migration des Forces*, apart from that in 'Rivergod', graffiti on Pont Saint-Michel fifty years to the day on which the massacre in question occurred.

Thanks to the Centre Culturel Irlandais and its Director at the time, Sheila Pratsche, for the residency during which this work was begun. Thanks to the Arts Council who awarded me a bursary to assist in its completion.

Thanks also to Catherine Dunne, Lia Mills and Maggie O'Dwyer for their support and advice in the writing of this book.